Género Fantasía

10799247

Pregunta esencial
¿Cómo medimos el tiempo?

Ramona y Romina

Lily Ryan
ilustrado por Steven Mach

LECTURA COMPLEMENTARIA

—¿Hoy es el día? —dice Ramona—. ¿Hoy va a venir mi amiga Romina?

—No, Ramona. Romina va a venir el lunes —dice mamá.

—¡Hoy es lunes!

—Sí, pero Romina va a venir el otro lunes... —dice mamá.

—¿Qué día es hoy, mamá? —dice Ramona.

—Hoy es martes —le dice mamá.

—¿Cuándo va a venir Romina?

—Cuando sea lunes de nuevo.

—¡Falta tanto tiempo! ¡Faltan 6 días! —se queja Ramona.

—¿Falta mucho? —dice Ramona.

—Solo pasó un día. Esta vez faltan 5 días —dice mamá.

Mamá le da un calendario
a Ramona.

—Es para ver los días —le dice
mamá a Ramona.

Ramona dice:

—Estamos en enero.

—¿Recuerdas qué día va a venir Romina? —dice mamá.

—El 7 de enero. ¡Aquí está el 7!

—Ponle color rojo —dice mamá.

Después pasan los días. Ramona pinta rayas rojas en el papel.

—El día ya está cerca. ¡Pronto Romina estará aquí!

—¡Hoy es el día! —grita Ramona—. ¡Veo a Romina!

Ramona y Romina están muy contentas.

¡Las dos saltan y juegan "A la rueda rueda"!

Respuesta a la lectura

Volver a contar

Vuelve a contar el cuento con tus propias palabras.

Primero
↓
Después
↓
Al final

Evidencia en el texto

1. Mira la página 3. ¿Qué día es al comienzo del cuento?

   Personaje, ambiente, trama

2. Mira la página 7. ¿Cómo ayuda la mamá a Ramona?

   Personaje, ambiente, trama

3. ¿Cómo sabes que *Ramona y Romina* es un cuento de fantasía? Género

Género **No ficción**

Compara los textos

Lee para aprender cómo se usan los calendarios.

¡Usa un calendario!

¿Para qué es el calendario? El calendario te permite ver los días importantes.

En el calendario ves todos los meses del año.

¡Mira todos los días y las semanas que hay en un mes! Tú también puedes hacer un calendario.

Ken Karp, photographer

Haz conexiones

¿En qué se parecen estos calendarios al que usa Ramona en el cuento? **El texto y otros textos**

Enfoque:

Elementos literarios

Diálogo Los diálogos indican que los personajes del cuento están hablando.

Lee y descubre Los diálogos comienzan con la raya de diálogo:

—Hoy es martes —dice mamá.

Tu turno

Trabaja con un compañero. Usen diálogos para representar una escena de un cuento que ambos conozcan.